Sardines crues

Pour **4 personnes**
Préparation **40 min**
Réfrigération **8 à 10 h**

16 sardines crues de première fraîcheur, de taille moyenne
1 cuil. à soupe de gros sel de mer ♥ Beurre demi-sel ♥ Pain de campagne

Coupez les têtes des sardines, puis videz les poissons, lavez-les et essuyez-les un par un. Rangez-les tête-bêche dans un plat creux en terre. Poudrez-les de gros sel et laissez-les reposer 8 à 10 heures au réfrigérateur.

Essuyez chaque sardine avec du papier de cuisine (la macération dans le sel décolle la peau qui part facilement).

Avec un couteau aiguisé, séparez les filets pour retirer l'arête centrale.

Rangez les filets de sardines crues dans un plat creux froid et servez-les avec des tranches de pain de campagne légèrement grillées et du beurre demi-sel.

Beignets de chou-fleur

Pour **4 personnes**
Préparation **15 min**
Cuisson **20 min**

1 œuf ♥ 150 g de farine ♥ 80 g de beurre ♥ 500 g de petits bouquets de chou-fleur ♥ Huile de friture ♥ Sel

Cassez l'œuf et séparez le blanc du jaune. Versez la farine tamisée dans un saladier, ajoutez le jaune et 15 cl d'eau froide. Fouettez jusqu'à obtenir une pâte bien lisse. Très doucement, incorporez à cette pâte le beurre fondu, puis le blanc d'œuf battu en neige ferme avec une pincée de sel.

Faites chauffer l'huile dans une grande marmite. Prenez les bouquets de chou-fleur un par un et trempez-les dans la pâte en les tenant par la tige. Plongez-les aussitôt dans le bain de friture et laissez-les cuire 6 à 7 minutes par fournée.

Quand ils sont bien dorés, égouttez-les et poudrez-les de sel avant de les servir.

Chaud comme la BREIZH

Salade aux algues

Pour **4 personnes**
Préparation **15 min**
Réfrigération **15 min**

4 tomates mûres ♥ 1 concombre ♥ 8 petits oignons blancs
300 g de crevettes décortiquées ♥ 4 cuil. à soupe d'huile de maïs
2 cuil. à soupe de vinaigre de cidre ♥ 4 cuil. à soupe d'algues lyophilisées ♥ Sel et poivre du moulin

Lavez, essuyez et coupez les tomates en rondelles fines. Pelez le concombre et taillez-le en fins bâtonnets. Pelez et émincez les oignons. Mélangez ces ingrédients dans un saladier en ajoutant les queues de crevettes décortiquées.

Préparez une vinaigrette classique avec l'huile, le vinaigre, du sel et du poivre. Fouettez puis incorporez les algues en les émiettant, fouettez à nouveau et versez cette sauce sur la salade. Mélangez intimement et laissez reposer au frais 15 minutes. Remuez une dernière fois avant de servir.

Palourdes farcies

Pour **4 personnes**
Préparation **20 min**
Cuisson **3 à 4 min**

4 gousses d'ail ♥ 1 échalote ♥ 1 bouquet de persil plat frais
200 g de beurre demi-sel ♥ 2 douzaines de palourdes
Chapelure ♥ Sel et poivre du moulin

Pelez et hachez finement l'ail et l'échalote. Ciselez finement les feuilles de persil.

Mélangez le beurre ramolli avec l'ail, l'échalote et le persil, salez et poivrez. Mettez ce beurre composé dans le réfrigérateur.

Lavez les palourdes en les brossant sous le robinet d'eau froide. Versez-les mouillées dans une grande marmite et faites-les ouvrir sur feu vif.

Égouttez-les, retirez une valve de chaque coquille et rangez les palourdes dans deux plats allant au four. Garnissez chaque coquille d'un peu de beurre composé et poudrez légèrement de chapelure. Passez les plats sous le gril 3 à 4 minutes et servez dès que le beurre commence à grésiller.

Soupe de Roscoff

Pour **6 personnes**
Préparation **20 min**
Cuisson **25 min**

1 tête de chou-fleur de 800 g ♥ 25 g de beurre ♥ 1 oignon
1 blanc de poireau ♥ 1 bouquet garni ♥ 1,4 l de bouillon de volaille
2 pommes de terre ♥ 15 cl de crème fraîche ♥ 1 bouquet
de ciboulette fraîche ♥ Sel et poivre du moulin

Défaites le chou-fleur en bouquets et mettez-les à bouillir dans 1 litre d'eau pendant 10 minutes. Égouttez-les.

Dans une grande casserole, faites fondre le beurre, ajoutez l'oignon et le poireau finement émincés, le bouquet garni et mélangez.

Versez le bouillon de volaille, puis ajoutez les bouquets de chou-fleur et les pommes de terre pelées et coupées en dés. Salez et poivrez. Faites bouillir, puis laissez mijoter 15 minutes.

Ajoutez la crème fraîche, rectifiez selon votre goût l'assaisonnement, puis incorporez la ciboulette ciselée. Servez dans une soupière chaude ou dans des assiettes creuses.

Gigot à la bretonne

Pour **8 personnes**
Préparation **15 min**
Cuisson **1 h**
Repos **10 min**

1 kg de haricots blancs frais ♥ 1 bouquet garni ♥ 2 tomates
100 g de beurre demi-sel ♥ 1 gigot d'agneau de 2 kg environ
2 gros oignons ♥ 3 échalotes ♥ Sel et poivre du moulin

Mettez les haricots dans une grande casserole, couvrez d'eau et portez à ébullition. Ajoutez le bouquet garni et les tomates coupées en quartiers et faites cuire à petits frémissements 1 heure, en salant à mi-cuisson.

Pendant ce temps, beurrez un plat et posez le gigot dedans, côté bombé vers le fond. Ajoutez quelques parcelles de beurre dessus. Enfournez à 240 °C (th. 8) et faites cuire pendant 40 minutes. Laissez-le reposer 10 minutes à couvert avant de le découper.

Pelez et hachez les oignons et les échalotes. Faites-les revenir dans une casserole avec le reste de beurre. Versez dessus un peu de bouillon de cuisson des haricots, mélangez, puis ajoutez les haricots égouttés. Mélangez à nouveau, salez et poivrez.

Servez en garniture des tranches de gigot, avec le jus de rôti déglacé en saucière.

Cotriade

Pour **6 personnes**
Préparation **30 min**
Cuisson **1 h**

400 g de congre ♥ 500 g de daurade ♥ 300 g de merlu ♥ 6 sardines fraîches ♥ 3 grondins ♥ 3 oignons ♥ 2 branches de céleri ♥ 1 bouquet garni ♥ 6 pommes de terre ♥ 50 g de beurre ♥ 2 poireaux ♥ 10 cl d'huile d'arachide ♥ 2 cuil. à soupe de vinaigre ♥ 3 échalotes ♥ 1 petit bouquet de cerfeuil frais ♥ Sel et poivre du moulin

Nettoyez les poissons. Mettez les têtes, les arêtes et le morceau de congre dans une marmite. Ajoutez les oignons pelés et hachés, le céleri paré et haché, et le bouquet garni. Versez 3,5 litres d'eau, salez et poivrez. Couvrez et portez à ébullition, puis laissez mijoter 20 minutes.

Pelez les pommes de terre et coupez-les en grosses rondelles. Dans une grande marmite, faites revenir dans le beurre les poireaux lavés et émincés, ajoutez les pommes de terre et mélangez pendant 2 minutes.

Filtrez le bouillon du congre, versez-le dans la marmite, ajoutez le congre et faites cuire environ 10 minutes. Mettez ensuite la daurade et le merlu en morceaux. Laissez cuire 10 minutes, ajoutez les sardines et les grondins et poursuivez la cuisson 10 minutes.

Préparez une vinaigrette avec l'huile, le vinaigre, du sel, du poivre, les échalotes hachées et le cerfeuil ciselé.

Égouttez les pommes de terre et les poissons et servez-les avec la vinaigrette et le bouillon à part.

Homards grillés

Pour **4 personnes**
Préparation **15 min**
Cuisson **30 min**

2 homards de 700 à 800 g chacun ♥ 150 g de beurre demi-sel
Poivre de Cayenne ♥ 1 citron ♥ Sel et poivre du moulin

Ficelez chaque homard vivant à plat sur une petite planchette. Remplissez d'eau un grand faitout, salez et portez à ébullition. Plongez les homards ficelés dans l'eau bouillante et laissez-les 5 minutes. Retirez le faitout du feu et laissez les homards dans l'eau bouillante encore 5 minutes.

Égouttez les homards et fendez-les dans le sens de la longueur. Brisez les pinces sans les détacher.

Faites fondre 60 g de beurre. Placez les demi-homards, carapace dessous, sur la grille du four, au-dessus de la lèchefrite. Arrosez-les de beurre fondu, salez, poivrez et ajoutez une pincée de poivre de Cayenne. Faites-les rôtir au four à 200 °C (th. 6-7) pendant 20 minutes.

Pendant ce temps, faites fondre le reste de beurre, clarifiez-le et ajoutez le jus du citron. Poivrez et versez ce beurre fondu dans une saucière. Présentez les homards grillés à la sortie du four avec le beurre de citron.

HOMARD GRILLÉ

Barbue de Cancale

Pour **4 personnes**
Préparation **20 min**
Cuisson **50 min**

1 poireau ♥ 1 oignon ♥ 1 carotte ♥ 250 g de champignons de couche ♥ 1 citron ♥ 60 g de beurre demi-sel ♥ 1 bouquet garni 30 cl de vin blanc sec ♥ 1,2 kg de filets de barbue dépouillés 25 cl de crème fraîche ♥ 1 jaune d'œuf ♥ Sel et poivre du moulin

Épluchez, lavez et hachez le poireau, l'oignon et la carotte. Nettoyez et émincez les champignons, citronnez-les.

Dans une casserole, faites revenir le hachis de légumes avec 25 g de beurre pendant 8 minutes. Ajoutez le bouquet garni, le vin blanc, un verre d'eau, du sel et du poivre. Laissez mijoter 15 minutes.

Filtrez le jus de cuisson à la passoire fine et versez-le dans une cocotte. Ajoutez les filets de barbue et faites-les pocher pendant 10 minutes. Égouttez-les et maintenez-les au chaud dans un plat creux recouvert de papier aluminium.

Mettez à leur place les champignons égouttés et laissez-les cuire 10 minutes à découvert, puis égouttez-les et ajoutez-les aux filets de poisson.

Faites réduire le jus de cuisson sur feu vif. Liez-le hors du feu avec la crème fraîche mélangée au jaune d'œuf, puis faites chauffer très doucement en incorporant le reste de beurre en parcelles. Goûtez et rectifiez l'assaisonnement, ajoutez un trait de jus de citron et versez cette sauce onctueuse sur les filets de barbue aux champignons.

Boudins blancs aux artichauts

Pour **4 personnes**
Préparation **10 min**
Cuisson **25 min**

2 gros oignons ♥ 50 g de beurre ♥ 8 fonds d'artichauts cuits
4 boudins blancs ♥ 1 cuil. à soupe d'huile ♥ Quelques pluches de cerfeuil frais ♥ Sel et poivre du moulin

Pelez et émincez finement les oignons. Faites-les fondre délicatement au beurre dans une casserole. Quand ils sont translucides, ajoutez les fonds d'artichauts coupés en quartiers et faites chauffer doucement. Salez et poivrez.

Pendant ce temps, faites cuire les boudins emballés séparément dans quatre carrés de papier aluminium huilé, pendant une vingtaine de minutes, dans le four à 160 °C (th. 5-6).

Répartissez les artichauts aux oignons sur des assiettes et posez dessus les boudins déballés tout chauds. Garnissez de pluches de cerfeuil et servez.

Galettes

Pour **4 personnes**
Préparation **20 min**
Cuisson par crêpe **3 min**
Repos **2 h**

350 g de farine de sarrasin ♥ 3 œufs ♥ 50 cl de lait
20 cl de crème fraîche ♥ ½ cuil. à café de sel ♥ Beurre doux
Beurre demi-sel

Versez la farine dans une terrine et faites une fontaine.

Cassez 2 œufs et séparez les blancs des jaunes. (Gardez les blancs pour une autre utilisation.)

Versez le lait et la crème dans la terrine et mélangez avec la farine en tournant avec une cuillère en bois. Incorporez ensuite 1 œuf entier et les deux jaunes. Ajoutez le sel. Mélangez intimement et laissez reposer 2 heures à température ambiante.

Faites alors chauffer une grande poêle à crêpes, plate, sans rebord. Ajoutez une noix de beurre et versez une petite louche de pâte. Laissez cuire la galette en la retournant à mi-cuisson. Servez-les chaudes, au fur et à mesure, avec du beurre demi-sel.

Chocards

Pour **4 personnes**
Préparation **30 min**
Cuisson **35 à 40 min**

800 g de pommes ♥ 125 g de sucre roux ♥ 2 cuil. à café de cannelle ♥ Les zestes de 2 citrons ♥ 400 g de pâte feuilletée
1 jaune d'œuf

Pelez les pommes, coupez-les en quartiers, retirez le cœur et les pépins, coupez-les en morceaux et faites-les cuire dans une casserole à fond épais avec 2 cuillerées à soupe d'eau, le sucre et la cannelle, pendant 15 à 20 minutes.

Râpez les zestes des citrons, incorporez-les à cette compote et laissez refroidir.

Abaissez la pâte feuilletée et découpez dedans quatre cercles de 18 cm de diamètre.

Répartissez la compote en la déposant sur la moitié des disques de pâte. Repliez-les et soudez les bords légèrement humectés en les pinçant.

Mélangez le jaune d'œuf avec un peu d'eau et badigeonnez le dessus des chocards avec cette dorure. Rangez-les sur la plaque du four, rayez le dessus avec la pointe d'un couteau et faites-les cuire à 220 °C (th. 7-8) pendant 20 minutes.

Glace acidulée au lait ribot

Pour **4 personnes**
Préparation **20 min**
Cuisson **20 à 25 min**
Prise en sorbetière **30 min**

200 g de tiges de rhubarbe ❤ 150 g de sucre ❤ 150 g de fraises
1 citron ❤ 40 cl de lait ribot

Pelez les tiges de rhubarbe et coupez-les en petits tronçons. Mettez-les dans une casserole inoxydable, ajoutez le sucre, couvrez d'eau à hauteur et faites cuire 20 à 25 minutes. Puis passez le contenu de la casserole au mixeur.

Lavez et équeutez les fraises. Pressez le jus du citron en éliminant les pépins. Mixez les fraises avec le jus de citron et mélangez cette préparation avec la purée de rhubarbe.

Incorporez le lait ribot en mélangeant intimement. Mixez éventuellement une dernière fois et faites prendre dans une sorbetière pendant 30 minutes. Si vous n'avez pas de sorbetière, versez la préparation dans un bac en plastique spécial pour congélation et faites prendre dans le congélateur en remuant deux ou trois fois jusqu'à obtenir la consistance désirée.

Bigoudens

Pour **24 biscuits**
Préparation **30 min**
Cuisson **15 min**
Réfrigération **30 min**

250 g de farine ♥ 50 g de poudre d'amandes ♥ ½ sachet de levure alsacienne ♥ 100 g de beurre ♥ 150 g de sucre en poudre
3 jaunes d'œufs ♥ 20 cl de crème fraîche ♥ 1 cuil. à soupe de rhum
120 g d'amandes ♥ Sel fin

Dans une terrine, mélangez la farine, la poudre d'amandes et la levure. Faites une fontaine.

Travaillez le beurre en pommade dans une jatte, puis ajoutez-le dans la fontaine, ainsi que le sucre, 2 jaunes d'œufs, une pincée de sel, la crème et le rhum.

Mélangez tous ces ingrédients jusqu'à obtenir une consistance homogène. Hachez les amandes et incorporez-les.

Roulez la pâte en boule et laissez-la reposer 30 minutes au frais. Abaissez-la ensuite sur 5 mm d'épaisseur et découpez dedans des carrés réguliers.

Déposez-les sur la plaque du four tapissée de papier sulfurisé, dorez-les avec le dernier jaune d'œuf délayé dans un peu d'eau et faites-les cuire pendant une quinzaine de minutes à 200 °C (th. 6-7).

Laissez refroidir les biscuits sur une grille avant de les déguster.

Far breton

Pour **6 personnes**
Préparation **25 min**
Cuisson **1 h**
Trempage **2 h**

100 g de raisins secs ♥ 400 g de pruneaux ♥ 40 cl de thé
4 œufs ♥ 250 g de farine de froment ♥ 30 g de sucre roux
en poudre ♥ 40 cl de lait ♥ 25 g de beurre ♥ Sel fin

Faites tremper les raisins secs et les pruneaux mélangés dans une jatte, couverts de thé bouillant pendant 2 heures environ, puis égouttez les fruits et dénoyautez les pruneaux.

Cassez les œufs dans un bol.

Versez la farine dans une terrine. Ajoutez une pincée de sel, puis le sucre en poudre. Mélangez et faites une fontaine, versez les œufs battus en omelette et incorporez-les à la farine. Versez ensuite le lait petit à petit en mélangeant pour obtenir une pâte homogène.

Ajoutez enfin les pruneaux et les raisins secs bien égouttés.

Beurrez un plat à gratin et versez-y la pâte, après l'avoir mélangée encore une fois.

Enfournez et faites cuire dans le four à 200 °C (th. 6-7) pendant 1 heure environ.

Palets bretons

Pour **30 à 40 pièces**
Préparation **25 min**
Cuisson **15 min**

1 œuf ♥ 125 g de sucre ♥ 250 g de farine ♥ 125 g de beurre
Sel

Cassez l'œuf dans une terrine et battez-le. Ajoutez un quart de cuillerée à café de sel, le sucre et travaillez le mélange jusqu'à ce qu'il soit mousseux et jaune pâle.

Tamisez la farine et ajoutez-la d'un seul coup. Commencez à travailler à la spatule, puis prenez la pâte par poignées et écrasez-la entre vos doigts pour l'effriter en petits grains. Mettez-la sur le plan de travail et incorporez le beurre en pétrissant avec les mains. La pâte ne doit pas coller aux doigts mais former une boule compacte.

Abaissez la pâte au rouleau et découpez des ronds de 8 cm de diamètre environ. Déposez-les sur la plaque du four tapissée de papier sulfurisé et faites cuire 15 minutes environ à 180 °C (th. 6). Décollez-les dès qu'ils sont cuits et laissez-les refroidir sur une grille.

Gâteau de Châteaulin

Pour **8 personnes**
Préparation **30 min**
Cuisson **30 min**

4 jaunes d'oeufs ♥ 250 g de sucre ♥ 250 g de beurre
500 g de farine ♥ 4 grosses pommes ♥ 4 cuil. à soupe de marmelade d'abricots

Versez les jaunes d'œufs dans une terrine et ajoutez le sucre. Mélangez en fouettant vivement, puis ajoutez 225 g de beurre ramolli et mélangez à nouveau. Lorsque la pâte est homogène, incorporez progressivement la farine tamisée, petit à petit. Travaillez le mélange pendant 5 minutes.

Versez la pâte dans une tourtière beurrée et faites cuire 15 minutes dans le four à 210 °C (th. 7).

Pendant ce temps, pelez et évidez les pommes, puis coupez-les en quartiers et retaillez-les en lamelles. Rangez ces dernières sur la pâte en cercles concentriques et remettez le gâteau dans le four pendant 15 minutes supplémentaires.

À la sortie du four, badigeonnez le dessus du gâteau avec la marmelade d'abricots. Laissez refroidir avant de servir.

Kouign-amann

Pour **6 personnes**
Préparation **35 min**
Cuisson **30 min**
Repos **1 h 15**

500 g de farine ❤ 15 g de levure de boulanger ❤ 430 g de beurre demi-sel ❤ 350 g de sucre ❤ Sel

Dans une terrine, versez la farine tamisée avec une pincée de sel. Faites une fontaine et versez-y la levure délayée dans 10 cl d'eau tiède. Pétrissez le tout 5 minutes, puis ramassez la pâte en boule et laissez-la reposer 30 minutes.

Aplatissez la boule sur le plan de travail fariné. Posez 400 g de beurre un peu ramolli au milieu, étalez-le en une couche épaisse et ajoutez 200 g de sucre par-dessus. Ramenez les bords de la pâte sur cette double couche.

Appuyez avec les paumes pour obtenir un rectangle, repliez-le en trois, couvrez d'un torchon et laissez reposer 15 minutes.

Aplatissez à nouveau la pâte avec les mains et repliez-la en trois. Laissez reposer à nouveau 15 minutes et recommencez l'opération une dernière fois.

Beurrez une tourtière et poudrez-la légèrement de farine. Posez la pâte dans la tourtière et étalez-la à la main pour qu'elle la remplisse. Versez le reste de sucre en pluie dessus et faites cuire dans le four à 210 °C (th. 7) pendant 30 minutes.

Textes : **Sylvie Girard-Lagorce**
Photographies : **Pierre Chivoret**
Stylisme : **Alexia Janny**

Direction : **Didier Férat**
Direction éditoriale : **Fanny Ecochard-Martin**
Édition : **Diane Monserat**
Avec l'aide de **Soizic Piron**
Création graphique : **Chloé Senget**
Fabrication : **Laurence Dubosc q**
Photogravure : **Chromostyle**

Les recettes sont extraites du livre
« Bretagne pur beurre – recettes cultes » publiées en 2014
© Éditions Solar.

92, avenue de France, 75013 Paris - France
serviceclients@lisez.com

ISBN : 978-2-263-18902-9
Code éditeur : L18902/01
Dépôt légal : octobre 2024
Imprimé en Chine par GNG